अरुणिमा

एक काव्य संग्रह

BlueRose ONE.com
Stories Matter
NewDelhi • London

BLUEROSE PUBLISHERS
India | U.K.

Copyright © Aruna Bhardwaj 2024

All rights reserved by author. No part of this publication may be reproduced, stored in a retrieval system or transmitted in any form or by any means, electronic, mechanical, photocopying, recording or otherwise, without the prior permission of the author. Although every precaution has been taken to verify the accuracy of the information contained herein, the publisher assumes no responsibility for any errors or omissions. No liability is assumed for damages that may result from the use of information contained within.

BlueRose Publishers takes no responsibility for any damages, losses, or liabilities that may arise from the use or misuse of the information, products, or services provided in this publication.

For permissions requests or inquiries regarding this publication, please contact:

BLUEROSE PUBLISHERS
www.BlueRoseONE.com
info@bluerosepublishers.com
+91 8882 898 898
+4407342408967

ISBN: 978-93-6261-123-9

Cover design & Typesetting: Aruna Bhardwaj

First Edition: March 2024

अरुणिमा काव्य

लेखक परिचय

हिमालय की गोद मे बसे धर्मशाला शहर की रहने वाली हैं **अरुणिमा**

(अरुणा भारद्वाज) जिन्होंने स्वयं को अपनी कविताओं से पहचाना है। अरुणिमा एक बहुमुखी लेखिका है जो कई विषयों पर कविताएं लिखती हैं जैसे समाज ,संसार, जीवन , प्रेम , पीड़ा और भक्ति आदि।

अरुणिमा किशोरावस्था से ही कविताएं लिख रही हैं और उनकी कई कविताएं स्थानिया पत्रिकाओं में भी प्रकाशित हुई। अभी तक उन्होंने अपनी कलम के माध्यम से कई विषयों पर कविताएं लिखी हैं। मध्यवर्गीय परिवार से संबंध रखने वाली अरुणिमा की प्रारंभिक शिक्षा कस्बे के एक सरकारी स्कूल से ही हुई। 12वी की पढ़ाई के उपरांत ही उनका विवाह हो गया जिसके पश्चात भी उन्होंने अपनी जिम्मेदारियों को निभाते हुए अपनी शिक्षा को जारी रखा।

अरुणिमा ने संस्कृत विषय मे मास्टर डिग्री हासिल की और अध्यापक बनने की इच्छा से B.Ed की, उसके उपरांत उन्होंने कई सरकारी एवं निजी स्कूलों में अपनी सेवाएं दी। आज अरुणिमा एक सामाजिक कार्यकर्ता हैं, साथ ही अपनी लेखनी को विश्व पटल पर रखने का प्रयास कर रही है ताकि साहित्य जगत में भी वह अपना योगदान दे सकें। उन्होंने जून 2021 में इंस्टाग्राम के माध्यम से अपनी कविताओं को लोगों के समक्ष रखना शुरू किया जिससे उन्हें काफी सहयोग और सराहना आज भी मिल रही है।

उनका इंस्टाग्राम हैंडल है

@arunima_kavya

अरुणिमा काव्य

निर्देशिका

औरत

जीवन

प्रेम - पीड़ा

प्रकृति सौंदर्य

देश और समाज

नज़्में और ख्याल

अरुणिमा काव्य

औरत

औरत

1. मैं औरत हूँ	3
2. मन बाँटत नाहि कोय	7
3. मैं सदा गलत ठेहराई गई	9
4. मैं चुप हूं !	11
5. माँ	15
6. कश तुम लौट आती	17
7. कोयल कूकन भूल गई	21
8. नारी की सिस्कंन	24
9. देह भर समझ लिया	27
10. तुम एक केवल देह नही	32
11. आत्मा सबकी मरती जाए	35
12. रक्षक कौन ?	38
13. मौन हो जाना	41

2

अरुणिमा काव्य

मैं औरत हूं

अरुणिमा काव्य

मैं औरत हूं !

मैं औरत हूं !
मैं जानती हूं !
अपना अस्तित्व तलाशती हूं

ढूंढ ही लूंगी खुद को जग में
जग को जनना , मैं जानती हूं

हां ! मैं औरत हूं !
अपना वजूद पहचानती हूं
मैं औरत हूं !
मैं जानती हूं !

मैं आशा हूं , विश्वास भी मैं
उम्मीद दिखाती राह भी हूं
ममता भी मैं , क्षमता भी मैं
चुप रहकर सब सह जाती हूं

हां ! मैं औरत हूं !
मैं जानती हूं !

खुद ताप सहुं , हर आंच सहूं
हर जीवन की , मैं ढाल भी हूं
दिनकर सी तपती दिन भर मैं
तब जीवन में प्रकाश भरूँ

अरुणिमा काव्य

मैं औरत हूं ! मैं जानती हूं !

जल सी निर्मल , ध्वनि सी प्रबल
भोर शंख की नाद भी मैं
लिए प्रचंड तेज , अग्नि सी सबल
हूं हृदय गंग सा वेग भी मैं

मैं औरत हूं ! मैं जानती हूं
अपना अस्तित्व पहचानती हूं
ढूंढ ही लूंगी खुद को जग में
जग को जनना , मैं जानती हूं

मैं औरत हूं ! मैं जानती हूं

अरुणिमा काव्य

मन बाँटत नाहि कोय

अरुणिमा काव्य

इक बंटवारा तन का होए
इक बंटवारा मन का
बांटत- बांटत बंट गया पूरा
फिर काहे बंटवारा रहा अधूरा
हिस्सा-हिस्सा, कतरा-कतरा
बांटत-बांटत पड़े न पूरा

एक तोल की वाट से
भार न पूरा होए
तन बांटत- बांटत बंट गया
मन बांटत नाहि कोय

तोके हिस्से सब जग सारा
मोके हिस्से कोय?
वाह रे ! जग की रीत निराली
सब बांटत- बांटत खोए
मन बांटत नाहि कोय

अरुणिमा काव्य

मैं सदा गलत ठहराई गई

अरुणिमा काव्य

तुम सही हमेशा से ही रहे
मैं सदा गलत ठेहराई गई

सब अच्छे काम तुम्ही ने किए
बेकार सदा मैं कहाई गई

हुई नाम तुम्हारे वाह वाही
गुमनाम सदा मैं पाई गई

घर भी तेरा , घर वाले भी
मैं दूजे घर की कहलाई गई

कहते भी तुम, करते भी तुम
मैं सदा मौन करवाई गई

यश , भाग्य , शौर्य - सब तेरे थे
मुझ में ही हीनता पाई गई

कुल वंश सभी ही तुमसे हुए
न ममता भी मेरी अपनी गई

पराई थी सदा मैं उसे घर भी
पराई ही यहां भी कहाई गई

तुम सही हमेशा से ही थे
मैं सदा गलत ठहराई गई

अरुणिमा काव्य

मैं चुप हूं

मैं चुप हूं

कहती नहीं मैं कुछ भी

पर इस कहानी में थोड़ी-थोड़ी मैं हूं

मैं हूं !

मैं हूं !

कही तो **मैं** हूं।

कहती नही मैं कुछ भी

बस थोड़ी-थोड़ी चुप हूं

ममता के आंगन में मैं हूं

प्रेम-स्नेह की वाणी मैं हूं

कहती नही हूं

पर इस कहानी में , थोड़ी-थोड़ी मैं हूं

पिया - पिहार की मर्यादा हूं
सास-ससुर का मान भी मैं हूं
" मेरी भाभी " , " मेरी बहना "
चुभ जाता है कानों में
अब यूं सबका मेरी ! मेरी ! कहना

कहती नहीं हूं
पर इस कहानी में थोड़ी-थोड़ी मैं हूं

मैं खुद को खुद ही फांस रही हूं
रिश्तों के इस चक्रव्यूह में
अपनी परछाई ढूंढ रही हूं
अपने ही मन के आंगन में

कहती नही हूं

फिर भी कही तो हूं ,

कही तो हूं

थोड़ी-थोड़ी ,

कही तो मैं हूं !

कहती नहीं मैं कुछ भी

बस इस कहानी में

थोड़ी-थोड़ी

मैं हूं !

अरुणिमा काव्य

मां

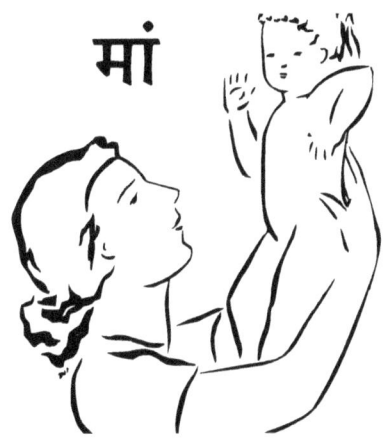

अरुणिमा काव्य

माँ

दो अक्षर का प्यारा सा
यह है नाम तुम्हारा माँ
तेरे आंचल की छाया में
पलता है जग सारा माँ

तेरे नैनों की ज्योति से
जग में है उजियारा माँ
सारी सृष्टि तुझमें समाई
तू सबका है सहारा माँ

दो अक्षर का प्यारा सा
यह है नाम तुम्हारा माँ

काश !
तुम लौट आती

अरुणिमा काव्य

माँ

काश ! तुम लौट आती

शायद मेरी चुनौतियां
थोड़ी कम हो जाती

कई बार टूट जाती हूं
शीशे की तरह बिखर जाती हूं
फिर खुद ही खुद के टुकड़ों को
समेटकर , मैं ले आती हूं
यह सोच कर
कि अभी बहुत काम बाकी है
दुनिया की कसौटी पर
खरा उतरना अभी बाकी है

अरुणिमा काव्य

नित-निर्णयों के पथ पर
स्वयं निर्णायक बन डगमगाती हूं
पर - परायों के हृदय घात
चुपचाप , मैं सह जाती हूं

तुम कहती थी
" परीक्षा से घबराना मत "
पर देखो !
अब तो पूरा जीवन ही परीक्षा हो गया

हर दिन नई परीक्षा है
और हर दिन नया परिणाम

अरुणिमा काव्य

काश कि तुम लौट आती
तो शायद यह परीक्षा भी
थोड़ी आसान हो जाती

माँ,
काश ! तुम लौट आती
शायद मेरी चुनौतियां
थोड़ी कम हो जाती

काश ! तुम लौट आती
काश ! तुम लौट पाती

अरुणिमा काव्य

कोयल कूकन भूल गई

घिर आई खामोश बदरिया
सावन में उमड़ना भूल गई

सुर सिमट गए यूँ सीने में
ज्यों
कोयल कूकन
भूल गई

मन बैठ अटारी शरीरन की
अपनी चंचलता भूल गया

अरुणिमा काव्य

स्वास देह भर लेता है
मन मारत-मारत , कब मर ही गया

ना पता चला , ना आह हुई
आहों का सिसकना छूट गया

सुर सिमट गए यूँ सीने में
ज्यों
कोयल कूकन
भूल गई

अरुणिमा काव्य

नारी की सिसकन

अरुणिमा काव्य

हर दौर में नारी सिसकी है
हर चक्की में पिसती आई

चक्की यह रिश्ते नातों की
बंधन के इन जबवतों की

हर पल , हर घर की बातों की
चक्की पिस्ते हालातों की

माँ ,पत्नी और बहन कही ,
और कही प्रेमिका कहाई गई

हर रिश्ते को निभाकर भी
नारी ही सदा ठुकराई गई

हर बधन में नारी ही सदा
क्यों पाई गई ? क्यों पाई गई ?

अरुणिमा काव्य

घर में गृहणी और ऑफिस में
ये मशीन काम की बनाई गई

और दो वाटन की चक्की में
अस्तितव के टुकड़े पाई

स्वाभिमान बचाए या संतान,
खुद से ही जीत न पाई

स्वाबलंभि बनने की कीमत
हर पल नारी ने चुकाई

स्वाबलंभि बनने की कीमत
हर पल नारी ने चुकाई

हर दौर में नारी सिसकी है
हर चक्की में पिसती आई

अरुणिमा काव्य

देह भर समझ लिया
- वाणी

मैं अक्सर सोचती हूं
कि क्या यह नफरत की आग है
या ईर्ष्या का अंधेरा ?
क्या यह केवल मूर्खता है
या जिस्म की भूख का घेरा ?

जो हैवान बना देता है इंसान को
छीन लेता है किसी की पहचान को
और लयाक ही नही छोड़ता , उसे इसके
की देखें वो अगली सुबह का सवेरा।

अरुणिमा काव्य

भूलाए ना भूलेंगे और दिन रात डराएँगे
उसको उन दरिंदों के हाथ
जिन्होंने छुआ तो उसके जिस्म को था
पर उत्पीड़न हुआ उसकी आत्मा के साथ।

शरीर के घाव तो भर जाएंगे !
टूटी हुई हड्डियों तो जुड़ जाएंगी !

पर क्या उन निशानों का
जो उस मासूम की रूह पर
उत्कीर्ण हो जाएंगे ??

क्यों उन जख्मों का
जो उसके दिल को
हर धड़कन के साथ देहलाएंगे ??

अरुणिमा काव्य

क्या उन
याद ना किए जा सकने वाले लम्हों का ,
जो उसके जहन में आएंगे ??

मरेगी एक रूह
और बचेगा सिर्फ शरीर
जिस दिन , किसी और के सीने पर
फिर वो हाथ आएंगे।

देह भर समझ लिया ,
उधेड दिया खाल सा
पर रूह का जो दर्द था
वो मरण से बेहाल था।

अरुणिमा काव्य

आखिर कब तक
यह हैवानियत दोहराई जाएगी ??

एक औरत बनकर , कब एक मां
अपने बेटे को औरत की
अहमियत बतलाएगी ??

आखिर कब , पुरुष की आंखों में
हैवानियत की जगह
मुझे हया नजर आएगी
आखिर कब ?

अरुणिमा काव्य

तुम इक केवल देह नही

अरुणिमा काव्य

जाग उठो बेहोशी से
मन को ना यूं बेहाल करो
चेतन- चित को स्वयं ही तुम
दृढ़ संकल्पी और सशक्त करो

तुम

इक केवल

देह नही

मन के , **मनके** फेर देख
तुम चेतन जीव धरा पर हो
तुम बिन यह धरा कही शेष नही

तुम

इक केवल

देह नही

आदेश भी है ! संदेश भी है !
और बहुत कुछ , शेष भी है
यह नारी
मन की व्यथा भर है
जीवन की कहानी शेष ही है

तुम प्राण दायिनी , प्रियतमा भी
तुम शक्ति भी , संघार भी हो
तुम चेतन जीव धरा पर हो
तुम बिन यह धरा , कही शेष नही

तुम
इक केवल
देह नही

अरुणिमा काव्य

आत्मा सबकी मरती जाए

अरुणिमा काव्य

इक ऐसा भी कृष्ण काल था
जब स्त्री लाज पर युद्ध हुए थे।
देह मरा करते थे केवल
अमर ,आत्मा होती थी।

अब कलयुग की कालगति देखो
देह सभी के जीवित हैं पर
आत्माएं मर गई है सबकी।

मृत देह पर हार चढ़ाएं ,
जिंदा देह नोच कर खाएं
कोट , कचेहरी और सरकारें
देखो किसी को शर्म ना आएं।

कलयुग की यह कालगति देखो

हर कोई धृतराष्ट्र हुआ जाए

भीष्म सी चुप्पी साधी सबने,

अब कोई ना धनुष उठाए।

कही पर नारी नग्न पड़ी है

और कही नग्न कर घुमाई जाएं।

देह भर जिंदा रह गए सबके

आत्मा सबकी मरती जाए।

आत्मा सबकी मरती जाए ॥

अरुणिमा काव्य

रक्षक कौन ?

अरुणिमा काव्य

अमावस का घोर अंधेरा
इक दीपक से मिट सकता है

बुझे हुए मन के दीपक को
आकर भला जलाएं कौन ?

हे केशव ! इक तेरी आस है
वरना ढांढस बांधें कौन ?

तुम बिन चेतन-चित का अंधेरा
आकर भला मिटाए कौन ?

निशा , निराशा की छाई है
मन में आस जाए कौन ?

हे केशव ! अब चीर थाम लो
तुम बिन लाज बचाए कौन ?

सभा भारी है दुष्टों की
आकर मान बचाए कौन ?

है केशव ! तुम देर करो ना
तुम बिन धर्म बचाए कौन ?

रक्षक भक्षक बने खड़े हैं
गांडीव , गदा सब धरे पड़े हैं

हे केशव ! अब आन बचा लो
तुम बिन मेरा **रक्षक कौन ?**

अरुणिमा काव्य

मौन हो जाना

अब चाहती हूँ

मौन हो जाना

बिना शोर ही खामोश हो जाना

बोले बिना लवों का सिल जाना

धड़कन के बिना सांसों का आना -जाना

अब चाहती हूँ

थम जाए ये सिलसिला

तिल-तिल हर पल बिखरा-बिखरा

मुठी भर -भर बटोर लाना

मुठी भर -भर बटोर लाना

अब चाहती हूँ

मौन हो जाना

अरुणिमा काव्य

जीवन

अरुणिमा काव्य

जीवन

1. अनमोल बचपन — 45
2. जीवन बहता पानी — 49
3. काहे जीवन दियो कठौर — 53
4. ए जिंदगी — 56
5. खिलौने — 59

अरुणिमा काव्य

अनमोल बचपन

अरुणिमा काव्य

अनमोल बचपन

बचपन सबका है अनमोल
बोले ना जो कड़वे बोल
मीठी-मीठी वाणी इसकी
देती है जो मिश्री घोल
बचपन सबका है अनमोल

देखे ना दुख का अंधियारा
हर दिन होवे सुख की भोर
सबसे होती प्रेम की वर्षा
मन में नाचे जैसे मोर
बचपन सबका है अनमोल

अरुणिमा काव्य

चंचल-चंचल अखियां इसकी
छाया हों माँ के आंचल की
ममता से कोई बिछड़ न जाए
बचपन के दिन सबको भाए

नितदिन करता नई शरारत
करना चाहे ना आराम
माँ दौड़े जब पीछे-पीछ
हो जाती है सुबह से शाम

बचपन सबका है शैतान
बचपन सबका है शैतान

अरुणिमा काव्य

परियों की गोदी में झूले
ममता के आंचल से खेले
दुनिया इसकी चाँद सितारे
बचपन के दिन कितने प्यारे

सुंदर चितवन काया इसकी
शहद से मीठे इसके बोल
कलियों जैसे हाथ है इसके
मुख देखो सूरज सा गोल

बचपन सबका है अनमोल

अरुणिमा काव्य

जीवन बहता पानी है

अरुणिमा काव्य

जीवन बहता पानी है

जीवन बहता पानी है
हर किसी की अपनी कहानी है
हर किसी के जीवन का किस्सा
हर किसी की अपनी जुबानी है

कोई कहे जीवन सुख से भरा
कोई कहे यह सिर्फ रवानी है
सुख-दुख माया का घेरा है
बस अनुभव सही निशानी है

अरुणिमा काव्य

जीवन को परखा है जिसने
वह अनुभव बड़ा बताते हैं
कुछ अनुभव करते-करते ही
जीवन को बड़ा बनाते हैं

हर कोई जीवन से हारा
मृत शैया फिर बिछ जानी है
तू परख ले जीवन को जी भर
तेरा जीवन अमिट कहानी है

जीवन बस बहता पानी है

जो धार बही , वे फिर ना मुड़ी
जीवन धारा की रवानी है
तू चलता जा कुछ करता जा
कृत-कर्म ही तेरी कहानी है

तू रुक ना कही , बस बढ़ता जा
पग पीछे ना तू अपने हटा
जीवन बस कर्म कहानी है !
जीवन बस कर्म कहानी है !

काहे जीवन दियो कठोर

अरुणिमा काव्य

काहे जीवन दियो कठोर

काहे दिखे न सुख की भोर

अधियारों में भटक रयो

ज्यों भटके , चांद के बिना चकोर

म्हारे जीवन की यो नईया

संसार रूप इस सागर में

डूब ना जाए पल-क्षण माही

अपने बिन खेवैया के

गोविंद ! जीवन भयो मरुस्थल

तपता जाए प्यासो जल बिन

भयि रेत ज्यों हवा से छिन-भिन्न

एसो ही कुछ म्हारो जीवन

ना जानू भई कौन सी चाहत

विवश करें जो जीने को

जीवन-मरण सौं मुक्ति चाहू

क्षमा देहि , त्यागुं कुरुवंश को

या जीवन त्यागुं

मृत्यु वर लूं

लाज हीन कुरुवंश को

याज्ञसेनी हूं ! भस्म ही कर दूं

हे माधव ,क्या ऐसा कर लूं ?

काहे परीक्षा भाई कठौर ?

काहे परीक्षा भाई कठौर ?

ए जिंदगी

ए जिंदगी !

पल- पल तु यूँ बीती जाए

समय रेत सा फ़िस्ला जाए

न ठहरेगी न तु रुकेगी

न देगी तू मेरा साथ

कैसे थाम लूं तेरा हाथ

कैसे थाम लूं तेरा हाथ

छीन लिया तुमने सब मेरा

अब भी कहती हो

छोडुं ना मैं दामन तेरा

गम के घने अंधेरे देकर

फिर कैसे देखूं , सुख का सवेरा

अरुणिमा काव्य

मैं खड़ा किनारे जीवन के
क्यों ले आई हो फिर मझधार
बिन नईया , बिन मांझी के
कैसे पहुंचूं साहिल पार
मैं कैसे पहुंचूं साहिल पार ?

जीवन के छोटे से सफर में
कई रंग दिखलाए तुमने
कितने गम और कितनी खुशियां
कितनी चाहत करी किसी ने

कोई शिकवा , कोई शिकायत
तुमसे हम क्यों करें जिंदगी
तेरे सिखलाए अनुभव से
तेरी राह हम चले जिंदगी

अरुणिमा काव्य

खिलौने

अरुणिमा काव्य

बचकाने से बचपन के ,
दो रूपों को देखा है
एक खिलौने देख डोलता ,
इतराता उन्हें पाने पर
और इक ढोता इनको कांधे ,
पेट की भूख मिटाने को

इस बचपन को मैने देखा
गली , चौंक , चौराहों पर
खिलौनों के संग बेचते बचपन ,
देखा है बाजारों को

ऐसे ही इक बचपन की
प्यासी आँखों को देखा है
बचकाने से बचपन के
दो रूपों को देखा है

भूख- प्यास की चक्की में
बचपन को पिस्ते देखा है
सर्दी की कोहरी रातों में
ठिठुरते हाथों को देखा है

भरी दुपहरी और सड़कों पर
चिलचिलाते नन्हे पांव
घूम-घूम कर नाच दिखाते
इस बचपन को देखा है
बचकाने से बचपन के
पग छालों को देखा है

अरुणिमा काव्य

अचेतन से इस बचपन के
कहां गए शिक्षा अधिकार
पेन, खिलौने और अखबार
बेच-बेच कर हर बाजार
छीन ले गया बचपन इनका
जिस पर था इनका अधिकार

जीवन के अनमोल क्षणों को
मैंने बिकते देखा है
बचकाने से बचपन के
दो रूपों को देखा है

प्रेम - पीड़ा

प्रेम - पीड़ा

1. प्रेम की परिभाषा — 65
2. प्रेम और पीड़ा — 66
3. विरह गीत — 67
4. कान्हा सा कोई कहाँ — 69
5. हे माधव ! — 71
6. प्रेम प्रीत का सार — 74
7. राम वियोग — 78
8. सिया चरित — 82
9. प्रेम मिलन — 92
10. प्रिया केवल तुम हो — 95
11. दुल्हन — 98
12. सुन सजनी — 101

अरुणिमा काव्य

क्या करूँ **परिभाषा**
प्रेम की मैं , **माधव** !?

ना मीरा को गिरिधर
ना कान्हा को राधा
प्रेम रहा सबका सदा
आधा ही आधा

प्रेम और पीड़ा

की एक ही परिभाषा

हे माधव !

राधा और मीरा

के एक मीत

माधव तुम !

राधा ने मौन चुना ,

मीरा ने तड़पन

कौन सी मैं राह चुनूं

बता दो यह गोविन्द !?

विरह गीत

अरुणिमा काव्य

मीरा ने भक्ति करी
भक्ति में पीड़ा सही ;
जो प्रेम की जो राधे
तो वियोग विरह साधे ;

गोपियों की चरण-धूलि ,
कृष्ण माथे पे लगाके,
हो गए सब भावपूर्ण
इक कृष्ण में समाके ;

प्रेम, पीर , विरह गीत
एक सुर में गा के , कृष्ण !
हुई धन्य बाँसुरी
कृष्ण अधरो पर आके

कान्हा सा कोई कहाँ ?

अरुणिमा काव्य

कान्हा सा ! कान्हा सा !
कान्हा सा कोई कहाँ ?
कान्हा सा गीत कहाँ ?
कान्हा सा मीत कहाँ ?
कन्हा सा प्रेम कहाँ ?
कान्हा सा कोई कहाँ ?

कान्हा सा इस जग में ,
हुआ नही काई सखा
द्रौपदी की लाज राखी ,
सुदामा का मान राखा
उद्धव को ज्ञान दिया ,
गोपियों मैं प्रेम भरा
विश्व को दे गए वह गीता ,
संसार पर उपकार किया !

जय-जय श्री राधे !
जय-जय श्री कृष्णा !

हे माधव !

अरुणिमा काव्य

तन का सागर , मन की नईया
डोले आकर बिच मजधार
हे माधव !
मैं बिन तेरे कर ना पाऊं
जीवन का भवसागर पार

घोर आंधियां जीवन में
उजड़े ना मेरा संसार
है माधव !
तुम थाम लो आकर
कर दो मेरा भी उद्धार

ना तुम बिन मेरा कोई और
तुम्हारे हाथ में मेरी डोर
है माधव !
दुःख हर लो सबके
देखे सब फिर सुख की भोर

अरुणिमा काव्य

सारा जग ढूंढा पछताया
चेतन-चित में तुमको पाया
है माधव !
मैं देखूं नितदिन
अंतरमन में तेरी छाया

देर न कर , अब आकर मुझको
मरण से पहले मुक्ति वर दो
हे माधव !
मैं जन्म सुधारूं
चरण-शरण दे , अपना कर लो

हे माधव ! मैं बिन तेरे
पार ना पाऊं यह संसार
पार ना पाऊं यह संसार

अरुणिमा काव्य

प्रेम प्रीत का सार

हे कृष्णा ,

थारी राधा रै अंतर्मण की

बस यही व्यथा !

घणा प्रेम अमर थारो-म्हारो

क्यों पूर्ण ना भई , फिर यो कथा

म्हाने छोड़ गयो विंदरावण में

खुद, मथुरा णैं कूच कियो

इस माटी के कण-कण में

म्हाने तो तने महसूस कियो

अरुणिमा काव्य

घणा तूने यो अपराध कियो
म्हारे हिबडा मा आघात कियो
दुःख दे गयो तैं जीवण भर को
तैं केसो यो इंसाफ कियो

कर सूंणा आंगण जीवण रो
तैं दूर ठिकाणों बणाली सौं
अश्रु सौं भर दियो नैण मेरो
दामण नै खाली कर गए सौं

अरुणिमा काव्य

पल-पल घटता म्हारो जीवण

क्षण-क्षण मिटती उम्मीदां सैं

खामोश घणी यों चांदणी

अश्रु सौं भीगी रातां सैं

रस्ते-रस्ते , पग-पग बातां

तैं आओगे ! तैं आओगे !

बोलें सैं म्हारी सांसां यें

तैं अंत समय पर आओगे !

तैं अंत समय पर आओगे !

अरुणिमा काव्य

राम वियोग

अरुणिमा काव्य

कौशल्या के राम दुलारे
दशरथ नंदन प्यारे राम
कैकयी मात वचन कही ऐसा
राज महल तज गए हैं राम

लखन , सिया संग भय वनवासी
भरत को दीजो राज के काज
भरत को दीजो राज के काज

कुलभूषण मर्यादा राम
रग- रग में रम गए हैं राम

वन-वन जायी दुष्ट संहारे
तार के खेवट तर गए राम
शबरी के फल सबर सो खाए
सीता बिरह सही न जाए
कण-कण ढूंढे सिया को राम
सागर पर सेतु दियो बांध

अरुणिमा काव्य

कुलभूषण मर्यादा राम
रग- रग में रम गए हैं राम

रावण संग , युद्ध भय भीषण
विभीषण को दियो अभय को दान
सौंप के लंका, हरि सब शंका
सिया , लखन संग लौटे राम
सिया , लखन संग लौटे राम

कुलभूषण मर्यादा राम
रग- रग में रम गए हैं राम

अयोध्या के जग गए हैं भाग
जग-मग दीप जगे हर द्वार
पुष्प सौं अधिक अयोध्यावासी
राम पग माही , पड़ीहो आज
मात चरण छुए सीता-राम
मात चरण छुए सीता-राम

कुलभूषण मर्यादा राम
रग- रग में रम गए हैं राम

लखन-उर्मिला मिली हो आज
वीरहिन-विरह त्यागे आज ;
राम-लखन मिली भरत सुख पावे
चरण पादुका पहने राम
चरण पादुका पहने राम

कुलभूषण मर्यादा राम
रग- रग में रम गए हैं राम

भरत मिलन के मंगल गाये
जन-जन संग मिली हैं राम
विराज सिंहासन आती हर्षाऐ
अवध में आयो राम को राज
अवध में आयो राम को राज

अरुणिमा काव्य

सिया चरित

अरुणिमा काव्य

सिया चरित गावे हर्षाई
भूमि से जन्मी भूमि में समाई
जनक नंदिनी सिया कहाई

घोर गर्जना वर्षा आई
काल अकाल दियो है मिठाई

नाम दियो कुलगुरु ने सीता
भाग लिखा लाई अग्नि परीक्षा

उच्च कुल गौरव राजघराना
सिया चरित्र गाएगा जमाना

कालचक्र की गति बड़ी भारी
शिव धुन उठाई है सिया सुकुमारी

सिया सम योग्यता भय कहू माही
पिता जनक को चिंता भारी

अरुणिमा काव्य

मिथिला में भयो उत्सव भारी
उत्तम वर चुनेगी सीया सुकुमारी

वीर धीर प्रतापी राजा
धनुष पर कोई उठा ना पता

टूटा धनुष भाई गंज आकाशा
राम बढाए रघुकुल परतापा

राम वर पाई जनक दुलारी
सिया राम को मिली है बधाई

सिया राम संग अयोध्या आई
भव्य स्वागत करें नर-नारी

रघुकुल की कुल वधू बन आई
सिया भी मन ही मन हर्षाई

अरुणिमा काव्य

सिया राम की छवि अति न्यारी
नजर नियति की लगी भारी

कैकयी वचन मांग लियो ऐसो
रघुनंदन को भयो वनवासा

भाग का लेखा मिट ना पाता
राम सांग वन चली सिया माता

खेवट ने सरयू पार कराई
सिया मुद्रिका देयो उतराई

नध् का वेग पार कर आई
भाग्य वेग पर रोक न पाई

वन-वन संग राम के जाई
पतिव्रत धर्म सिया है निभाई

अरुणिमा काव्य

कष्ट साथ सब आह करे ना
सिया सुकुमारी आँख भरे ना

कहे जब होवे राम को साथा
सुखद ही कट जाए वनवासा

होनी होत हाई सब जाना
सिया वियोग भाग्य में रामा

कुटिया पर भिक्षु का आना
सीता गई चुराई रामा

नारी हरण जो रावण कीजो
मरण से पहले मुक्ति वर लीजो

साधु वेश कलंकित कीजो
यश , तप अपना नाश कर लीजो

अरुणिमा काव्य

सिया वाटिका दिया बिठाई
सुध-बुध राम गए बिसराई

खोज-खोज हारे प्रभु रामा
सिया सुध लेवं गए हनुमाना

सिमर- सिमर सिया राम को नामा
स्वास जपत केवल श्री रामा

तिनका एक ढाल किए माता
राह निहारत है दिन राता

सागर पर सेतु निर्माणा
राम नाम तेरत पाषाणा

युद्ध भयंकर कीजो श्री रामा
रावण पहुंच गए परधामा

अरुणिमा काव्य

सिया समक्ष चिता अति भारी
अग्नि परीक्षा दियो सुकुमारी

सिया चरित्र सुन हर मन भारी
समाज, नियति से हारी नारी

सीता लौट अयोध्या आई
भाग्य का लेखा मिटा ना पाई

कुछ दिन बीते थे हर्षाई
फिर से सिया, बनवासा पाई

सहत-सहत सिया कष्ट अपारा
लव-कुश जन्मे द्वौ सुकुमारा

पिता- पुत्र का मिलन कराई
भूमिसूता, भूमि में समाई
सियाचरित गावे हर्षाई

अरुणिमा काव्य

रामराज

अरुणिमा काव्य

संघर्ष की पीड़ा थी अति भारी
अब राम राज की करो तैयारी

मंदिर टूटते देखे बरसों
धन्य भागे जो हम जन्मे हैं
देख रहे हैं मंदिर बनते

जय जय जय श्री राम तुम्हारी
जय जय जय श्री राम तुम्हारी

विजय ध्वजा हनुमंत विराजे
संत - सनातन झुकता कैसे
पग-पग पर प्रमाण दिए हैं
सत्य धर्म की जीत हुई है

जय जय जय हनुमंत तुम्हारी
जय जय जय हनुमंत तुम्हारी

अरुणिमा काव्य

अवधपुरी में उत्सव भारी
राज्य औभषेक की है तेयारी
सब पर भारी भगवाधारी
काशी मथुरा बारी बारी

जय जय जय श्री राम तुम्हारी
जय जय जय श्री राम तुम्हारी

अरुणिमा काव्य

प्रेम मिलन

मुख देख तेरा वो दर्पण सा

खुद को देखूँ मैं तुझमें ही

अधरों पर छाई खामोशी

वो नयन मिलन कैसा होगा

मेरी ओर बढ़े जो पग तेंरे

पायल का खनकना क्या होगा

छु पाऊँ दूर से ही तुझको

प्रतिरूप मिलन कैसा होगा

वह प्रेम मिलन कैसा होगा

अरुणिमा काव्य

मैं प्रेम भरा मन, हाथ लिए
तेरे हृदय द्वार पर भेंट करूं
जय माल हाथ लिए आए तु
वह **प्रेम मिलन** कैसा होगा

रूहों के मिलने का मंज़र
ना जाने फिर कैसा होगा
मन की मर्यादा का सागर,
तन के बंधन फिर तोड़ निकल
आवेग मिलन कैसा होगा

वह प्रेम मिलन कैसा होगा

अरुणिमा काव्य

प्रिय केवल तुम हो

नद्य चाहे सागर से मिलना
बदरी चाहे नभ में मिलना
वृद्ध चाहे यौवन लौट आए
मेरी चाहत , **प्रिय केवल तुम हो**

मैं लौटा हूं ऐसे जैसे
विरहिन लौटें पिया मिलन को
भोगें सुख आनंदित यौवन
पिया कहें , मैं प्यासो तुम बिन

प्रथम भेंट जब होगी तुमसे
तन-मन पुलकित हो जाएगा
तुम देर तलक बैठो सम्मुख
प्रतिरूप हृदय में उतारूंगा

अरुणिमा काव्य

ना चाहूं आलिंगन कोई
ना बिछड़न का दर्द सहूँगा
तुम सौंप दो केवल , हों जो मन
मेरी तो **प्रिय केवल तुम हो**

पुतली में छुपा कर रूप तेरा
मैं केवल उसे निहारूंगा
मेरी चाहत, **प्रिय केवल तुम हो**
मैं केवल तुम्हे ही चाहूंगा।

अरुणिमा काव्य

दुल्हन

अरुणिमा काव्य

सजी हैं आज , आप बनकर दुल्हन
धीमी सी मची है दिल में हलचल

रात के तारे हैं आपका आंचल
रात का अंधेरा है आखों का काजल

जुल्फें हैं आपकी सावन की घटाएं
फूलों का हार लगें आपकी यह बाहें

रूप खिलें आपका फूलों से लदी डाल सा
होठों की लाली खिलें, फूल ज्यों गुलाब का

सन-सनाती है हवा ज्यों खनकती पायल

शाम के सूरज की लाली , यूं लगें गालों की गुलालि

लाल फूल सिंदूर हों मांग का

माथे पर टिका चमके हैं चांद सा

समझना ना आप इसे कल्पना हमारी

इजहार है ये हमारे दिल के एहसास का

७७

सुन सजनी

तु जीवन बाती बन जाए
मैं तेल दिये का, सुन सजनी !

जो रोशन करदें हृदय मेरा
तू दीपशिखा बन जा सजनी !

मन की दहलीज पर आकर तू
ना लौट के जाना, सुन सजनी !

अंखियों की राह जो आएं तू
तुम्हें दिल में बसा लूं, सुन सजनी !

जो मन की मधुशाला साम्भ लें तू
मदिरालय छोड़ दुं, सुन सजनी !

जो मन की मधुशाला साम्भ लें तू
मदिरालय छोड़ दुं, सुन सजनी !

अरुणिमा काव्य

प्रकृति सौंदर्य

प्रकृति सौंदर्य

1. नदी की यात्रा — 105
2. प्रदुषित पृथ्वी — 109
3. प्यारा हिमाचल — 113
4. दरकते पहाड़ — 116
5. सर्द ऋतु — 121

अरुणिमा काव्य

नदी की यात्रा

हिमराज के चरणों से
निकली एक पावन धारा
बीता समय , बदला स्वरूप
नदी रूप में बदली धारा

पार किया दृढ़ पर्वत को
किया नदी ने पथ-निर्माण
बढ़ती चली गई यह पल-पल
छोड़ते हुए अपने निशान

पर्वत से जब उत्तरी नीचे
देखे सुंदर प्रकृति के दृश्य
देख उन्हें मन नही भरा
स्वर्ग सी लगी , उसे यह धरा

अरुणिमा काव्य

सोचे नदी यही रुक जाऊँ
इन्ही नज़ारों में खो जाऊं
भूल के अपनी मंजिल को
मन चाहे , मैं यही रुक जाऊं

लेकिन मंजिल तक था पहुंचना
मुमकिन न था उसका रुकना
तीव्र गति से चली फिर नदिया
सागर से था उसको मिलना

झूम-झूम फिर गाती नदिया
पहुंच गई समतल मैदान
सागर-मिलन की आशा में
मचले थे दिल के अरमान

अरुणिमा काव्य

उमंग लिए यह अपने मन में
करने लगी सोलह- श्रृंगार
कब जाकर मिलें सागर से
सोचे नदी यह सुबह-शाम

पर्वत चीर लहराती नदिया
समतल भूपर खूब डोलती
आढ़ी-टेढ़ी सारी डगरिया
चल , भाग , दौड़ अब हारी नदिया

सागर की आगोश ढूंढती
नितांत सफर को दे विश्राम
विलीन हुई है इक जलधारा
सागर को देकर विस्तार
सागर को देकर विस्तार

अरुणिमा काव्य

प्रदूषित पृथ्वी

अरुणिमा काव्य

पर्यावरण कहें हम जिसको
पृथ्वी का है यह आभरण
व्याकुल अब प्रदूषण से है
टूटे है परिवेश का दर्पण

अब कोहला उठी है धरती
करो सुरक्षा मूर्ख मानव
विनाश के अंतिम चरण पर पहुंची
उस परम विधाता की यह सृष्टि

कहें विधाता , सुन ए मानव !
करती थी यह मेरी पृथ्वी
कभी स्पर्धा इंद्रपुरी से ,
आज मगर बेहाल हुई है
तेरे फैलाए प्रदूषण से

अरुणिमा काव्य

किसी कवि ने कहा एक दिन
है यह धरती स्वर्ग से सुंदर
किंतु ले आई है कहां पर
आज इसे परिवेश की टूटन

संघन अंधियारा प्रदूषण का
बढ़ता जाए है यह दिन-दिन
स्वास रुकेगी तब फिर सबकी
चलेगी वायु भी जब थम-थम
चलेगी वायु भी जब थम-थम

अरुणिमा काव्य

पृथ्वी यह खुशियों का घर थी
परिवार था इसका यह संसार
नज़र लगी है आधुनिकता की
देखो आज यह अंत पे पहुंची

रुक जाओ ए स्वार्थी लोगों
करो ना इस पर अत्याचार
है सुंदर देवी की प्रतिमा
इसे करो तुम नमन हज़ार
इसे करो तुम नमन हजार

अरुणिमा काव्य

प्यारा हिमाचल

अरुणिमा काव्य

हमारा हिमाचल , प्यारा हिमाचल

देवधरा यह स्वर्ग हिमाचल

धौलाधार , कैलाश हिमाचल

शिव- गौरा संग देव यहां पर

छोड़ी बैकुंठ बसे सब आकर

देवभूमि कहलाए हिमाचल

हिमराज के चरणों से

निकली है नदियाँ निर्मल -निर्मल

शीतल सलिल बहाती कल-कल

रावी , सतलुज , व्यास यहां पर

देव धरा यह स्वर्ग हिमाचल

हमारा हिमाचल, प्यारा हिमाचल

अरुणिमा_काव्य

हिम का आंचल ओढ़े पर्वत
शीतल जल भरी गहरी नदियां
श्रृंगारे तन धरा के यह वन
देवदार करते रखवारी
धौलाधार के रक्षक बनकर

देवभूमि कहलाए हिमाचल
निर्मल, शीतल , स्वच्छ हिमाचल
रहे सदा समृद्ध हिमाचल
संस्कृति , सभ्यता और समृद्धि
रहे सदा यह पूंजी बनाकर
हमारा हिमाचल , प्यारा हिमाचल
देवधरा यह स्वर्ग हिमाचल

अरुणिमा काव्य

दरकते पहाड़

दरकते पहाड़ों की पुकार

सुने तो कोई

कटते दयारों का दर्द

सुने तो कोई

जल की प्रलयधार

सुने तो कोई

नदियों की चीख- चितकार

सुने तो कोई

कब तक शोषण

सहे भला कोई

दरकते पहाड़ों की पुकार

सुने तो कोई

पहाड़ों की गोद में
शहरों की गंदगी
उडेले हर कोई
शेहरियों के संस्कार
देखे तो कोई

पहाड़ों के सीने पर
गरजती मशीनों का शोर
विकास की यह दौड़
देखें तो कोई

कहीं कटते , कहीं टूटते
सबका भार उठाते फिर भी
पहाड़ों की सहनशीलता
देखे तो कोई

अरुणिमा काव्य

बर्फ़ की चादर
खुद पे ओढ़ कर
मैदानों को दे ओस का दान
पहाड़ों की यह सादगी
देखे तो कोई

अब यह पहाड़
सावन की फुहार में
जरा सा भीगे ही तो है
अब डरें क्यों हर कोई

यह हिमाचल के पहाड़ है, साहब!
सबको समझना भी जानते हैं
यह जान ले, हर कोई
यह जान ले, हर कोई

अरुणिमा काव्य

दरकते पहाड़ो की दहाड़
अब सुने हर कोई

देखो अब तुम भी
जो इसने सहा है
लाशों के ढेर और बहता विकास
देखें हर कोई

दरकते पहाड़ों की चीख -पुकार
अब सुन तो कोई
अब सुन तो कोई

अरुणिमा काव्य

सर्द ऋतु

शीत सर्द ऋतु आई फिर से
नूतन , नवीन , नव वर्ष लिए
स्वस्थ रहें तन योवन नीतिदिन
हृदय पुलकित से हर्षाए हैं
खूब है खाए , काम है नहाए
नैनों में निंदिया छाई है
निकला न जाता घर से बाहर
सर्दी ने ली अंगड़ाई है
सर्द ऋतु फिर आई है

शीतल समीर , जल निर्मल सा
ओढ़े पर्वत बर्फ़ की चादर
कोहरा ठहरा घाट-घाट
बिस्तर पर नरम रजाई है

मैदान धुंध की ओढ़- ओढ़नी
घूंघट हटाए जो दिखता रास्ता
संध्या सवेर सब एक सी लागे
पगडंडी पर पग संभल के धर्ता
सर्द शीत गहराता जाता
सर्दी ने ली अंगड़ाई है
सर्द ऋतु फिर आई है

अरुणिमा काव्य

देश और समाज

देश और समाज

1. खो गया मेरा भारत — 126
2. वन्दे मातरम — 130
3. वीर गाथा — 132
4. गौरव गाथा — 134
5. स्वर्ण जयंती आज़ादी की — 137
6. हिंद राष्ट्र, हिंदी भाषा — 141
7. देव-वाणी — 144
8. युगपुरुष - स्वामी विवेकानन्द — 147
9. आज़ाद हिन्द के गुलाम परिन्दे — 149
10. देश के युवा — 152
11. थाम ली हैं मशालें — 155
12. दीप जलाने वाले हैं — 158
13. मौन — 161
14. मानवता की हार — 163
15. हिमाचल की राजनीति — 165
16. मैं भारत की राजनीति हूं — 167

खो गया मेरा भारत

अरुणिमा काव्य

खो गया है मेरा भारत
खो गए इसके सिद्धांत
आधुनिकता की धारा में बहकर
मिटा बैठे अपने ही निशान

ऐसी चली पश्चिम से हवाएं
बन गई हैं अब तूफान
देख के अपने देश की हालत
होती हूं पल-पल हैरान

खो गया क्यों मेरा भारत ?
क्यों खो गए इसके सिद्धांत ?

अरुणिमा काव्य

देखो यह फैशन की बिजली
चमक रही है बदल अंदाज
भारत में फैशन यूं बरसे है
जैसे बिन बादल बरसात

ना जाने कोई शिष्टाचार
ना जाने अपना व्यवहार
चलते जाएं अपनी धुन में
ज्यों मांझी बिन हो पतवार

विश्व -विधाता के सपने को
चलो करें अब हम साकार
देश स्वच्छ हो , देह स्वच्छ हो
रहे स्वच्छ आहार-विचार

अरुणिमा काव्य

भूलें ना संस्कृति - सभ्यता
भूलें ना वेदों का सार
आत्म तृप्ति और संतुष्टि
सादा जीवन , उच्य विचार

खोने ना दे अपना भारत
मिटने ना दे इसकी पहचान
भारत हो फिर विश्व - विधाता
लौटा दे हम इसकी शान
लौटा दे हम इसकी शान

जय हिंद

अरुणिमा काव्य

वंदे मातरम

अरुणिमा काव्य

आओ झुकाएँ शीष अपना
आज हम कर्तव्यपथ पर
कर नमन , गा वीरगाथा
याद कर संघर्ष को
याद कर संघर्ष को

हैं करोड़ों शीश अर्पित
लहू लाल कण-कण रंग गया
हुआ श्वेत फिर यह लाल सा रंग
केसरी चोला सजा
केसरी चोला सजा

आखरी धड़कन की सिसकी
टूटती सांसों की डोरी
देह से जब प्राण छूटे
मन फिर पुकारे मातरम
वंदे मातरम , वंदे मातरम !!

अरुणिमा काव्य

वीर गाथा

अरुणिमा काव्य

हर वर्ष आज़ादी का यह दिन
सहर्ष सभी मनाते हैं
वीर गीत गाथा प्रतिपल
हर दिशा में गाए जाते हैं।

लेकर जान हथेली पर
यह दुश्मन से भिड जाते हैं
रत्ती भर भी शिकन नही
जब प्राण त्याग ये जाते हैं।

युद्ध भूमि में पल-छिन अपना
रक्त सहर्ष बहाते हैं
स्वास की डोरी पल-पल टूटे
फिर भी यह तिरंगा फहराते हैं।
फिर भी यह तिरंगा फहराते हैं।

अरुणिमा काव्य

गौरव गाथा

अरुणिमा काव्य

मेरा भारत , **मेरा गौरव**
मेरा लोकतंत्र , मेरा गौरव
जो मिट गए इस मिट्टी पर
वो वीर-शहीद बने गौरव

वह रण गौरव, वह क्षण गौरव
जब दी आहुति प्राणों की
कण-कण रंगीन लहू से था
पर्वत ,पथर वह धरा गौरव

आजाद ,तिलक ,पांडे गौरव
झांसी की रानी है गौरव
वो वीर मरदानी है गौरव
वह अमर कहानी है गौरव

प्रेम, त्याग ,बलिदानों की
जौहर कुंड के अंगारों की
रतन सेन- पद्मावत की
वह प्रेम कहानी है गौरव
मेरा भारत , मेरा गौरव

अरुणिमा काव्य

स्वर्ण जयंती आज़ादी की

अरुणिमा काव्य

आज़ादी की यह स्वर्ण जयंती
आज मनाएं देश ये सारा
पर हम हैं आज़ाद कहाँ पर
क्या कभी कसी ने इसे विचारा ?

अंग्रेजों से आजाद हुए तो ,
बीते बरसों भारत को
फिर भी जकड़ी भारतीयता क्यों
पराधीनता की ही बेड़ियों में

पराधीन आज भी हर भारतवासी
पराधीन हमारी मानसिकता
विदेशी मूल्यों के प्रवाह में बह कर
डुबो रहे अपना अस्तित्व
फिर बोलो आज़ादी है कहां पर ?

अरुणिमा काव्य

आज़ादी का दिन यह महान
कुर्बानी की है पहचान
**तन , धन तो आज़ाद कर लिये
पर मन क्यों हो गये विरान ?**

हर दिन को दी इक पहचान
तारीखों को मिल गये हैं नाम
14 सितम्बर दिन " हिन्दी दिवस "
15 अगस्त दिन " आज़ादी " का

पर क्या अस्तित्व आज़ादी का
और क्या अस्तित्व है हिंदी का
जब पराधीन हमारे आचार-विचार
फिर हम हैं आजाद कहाँ पर ?

अरुणिमा काव्य

हिंदुस्तानी होकर भी ,
हिन्दी से मुख चुराते हैं
**पीछे छोड़कर अपनों को
गैरों को गले लगाते हैं,**
कमी है क्या फिर हिन्दी में,
जो अंग्रेज़ी को अपनाते हैं।

चलो न अब तुम पीछे-पीछे
अब हमको है आगे बढ़ना,
भारत हो सोने की चिड़िया
यही स्वप्न है पूरा करना !

आओ सब मिल, करें प्रयत्न
यह पा लें अपनी खोई पहचान,
**भारत बनें फिर विश्व-विधाता
लौटा दें हम इसकी शान**
लौटा दें हम इसकी शान !!

हिंद राष्ट्र, हिंदी गौरव

अरुणिमा काव्य

हिन्द राष्ट्र है, हिन्द है गौरव
हिन्दी हिन्द के कण-कण में
हैं अनेक ही भाषा-भाषी
हिन्द राष्ट्र के आंगन में

हम जनक हिन्द और हिन्दी के
यह राजभाषा हमारी है
हिन्दी लिखें, हिन्दी बोले
यह प्रेम स्नेह की वाणी है

शब्दों के भंडार भरे हैं
यह भाव विशेषण की भाषा
इसके व्याकरण से ही होती
है पूर्ण हर परिभाषा

बदल रहा परिवेश
और बदल रहा स्वरूप
स्थिल हो रहा आज हमारी
देवनागरी का भी रूप

भूलें न अपना सम्मान
भूलें न हिन्दी का मान
विश्व मंच पर भी हो रहा
हिन्दी भाषा का गुणगान
हिन्दी भाषा का गुणगान

देव वाणी

अरुणिमा काव्य

बदलाव के नए दौर में देखो
बदला सब स्वरूप
स्थिल हुआ है आज हमारी
संस्कृत भाषा का भी रूप

देव-वाणी कहलाती थी यह
पर अब क्यों होती अपमानित ;
और सभी है जल कुएं का
यही बहे हैं नदी सी नितदिन

सलील बहे ज्यों , अनिल चले ज्यों
रही न ऐसी प्रवाह की धारा
सूख रही है अब यह सरिता
दिनकर पर छाया अंधियारा

अरुणिमा काव्य

पश्चिमता की आंधी में अब
दुर्लभ कर दिया इसका जीना
मानव की देखा-देखी ने
हर इक पट है देह से छीना

विदेशियों की इस चमक में खोकर
भूल रहे क्यों अब यह देशज
सदा श्रेष्ठ था और रहेगा
संस्कृत दीपक का उजियारा
संस्कृत दीपक का उजियारा

अरुणिमा काव्य

युग पुरुष

साधारण सा एक भगवाधारी
धर्म सभा में गूंज उठा
संपूर्ण सनातन समाहित होकर
उसमें हिंदुत्व सब फूट पड़ा

वेदों का वह सार स्वयं है
संपूर्ण भारत हिंदुत्व हुआ
अब प्रलय वेग पर सिंधु है
गर्भ से कहो हम हिंदू हैं

आज़ाद हिंद के गुलाम परिंदे

अरुणिमा काव्य

आजाद हिंद की **गुलाम परिंदे**

आ तुझको उड़ाना सिखलाऊँ

तोड़ दे पिंजरा , दूर गगन में

आ तुझको मैं लेकर जाऊं

तेरे मन का दर्पण मैं हूं

आ तुझको तस्वीर दिखलाऊँ

ना सत्ता , ना धन का लालच

तुम्हें समर्पण में सिखलाऊँ

हर गली में बिकता आज तिरंगा

मेरा देश तिरंगे तले बिक रहा

घर-घर में तिरंगा तुम देखो

हर दिल में भारत में दिखलाऊं

आज़ाद हिंद की गुलाम परिंदे

आ तुझको उड़ाना सिखलाऊं

अरुणिमा काव्य

वीरों की शहादत में भारत
हर नई जवानी में भारत
सीना ताने खड़ा हिमालय
गंगा की रवानी में भारत

हर घर में तिरंगा तुम देखो
कण- कण में भारत मैं दिखलाऊं
आजाद हिंद के गुलाम परिंदे
आ तुझको उड़ाना सिखलाऊँ

ना मैं हिंदू ना मुस्लिम हूं
मैं केवल भारतवासी हूं
रामराज्य हों भारत में
मैं बस इसकी अभिलाषी हूं

आज़ाद हिंद के गुलाम परिंदे
आ तुझको उड़ना सिखलाऊँ

देश के युवा

उठो देश के युवा , उठो !
मैं तुम्हें जगाने आई हूं
कर मोह भंग, अब त्याग निद्रा
तुम्हें तुमसे मिलाने आई हूं

उठो देश के युवा , उठो !
मैं तुम्हें जगाने आई हूं

शिक्षा अब व्यापार हुई
कोचिंग का बाज़ार हुई
तुम यही बैठकर पढ़ते हो
अवसर बनने का दम भरते हो

चिंतन कर, दृढ़ निश्चय कर
तुम्हें कौन दिशा में जाना है
बुद्ध ,विवेकानंद सा ज्ञानी
हमें फिर से खोज कर लाना है

अरुणिमा काव्य

कलयुग के इस काल ग्रास से
तुम्हें बचाने आई हूं
उठो देश के युवा , उठो !
मैं तुम्हें जगाने आई हूं

नेता तुमको नोच खाएंगे
चिंता तुमको निगल जाएगी
मैं यही सोच कर डरती हूं
नित जीवन का रण लड़ती हूं

तुम्हारे जीवन की डोर
तुम्हारे हाथ दिलाने आई हूं
उठो देश के युवा , उठो !
मैं तुम्हें जगाने आई हूं

थाम ली हैं मशालें

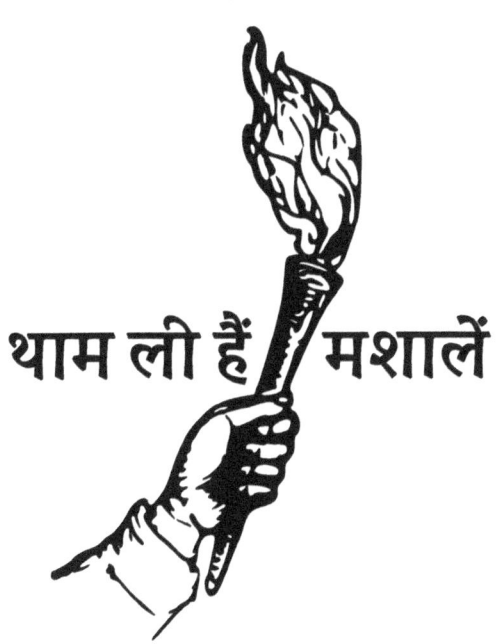

थाम ली हैं अब चिरागों ने
मशालें जो , अपने हाथ में
तो अंधेरा मिट ही जाएगा
अंधेरा मिट ही जाएगा

हुई मंजिले रोशन
यूँ सूरज चढ़ के आया है
सहस्त्र किरणों का
जो अब प्रकाश छाया है !
अंधेरा मिट ही जाएगा

थाम ली है अब चिरागों ने
मशालें जो , अपने हाथ में
तो अंधेरा मिट ही जाएगा

पीढ़ियों का ऋण यू लगता है
उतर ही जाएगा
संघर्ष पथ पर जो चला
वो जीत जाएगा !

अरुणिमा काव्य

थाम ली है अब चिरागों ने
मशालें जो, अपने हाथ में
तो अंधेरा मिट ही जाएगा

हो राह पथरीली
तुझे आगे ही बढ़ना है
ना लौटना पीछे
तु मंजिल पा ही जाएगा

थाम ली हैं अब चिरागों ने
मशालें जो, अपने हाथ में
तो अंधेरा मिट ही जाएगा
अंधेरा मिट ही जाएगा !

अरुणिमा काव्य

दीप
जलाने वाले हैं

अरुणिमा काव्य

हम दीप जलाने वाले हैं

हम दीप जलाने वाले हैं

हर द्वार दिवाली होगी फिर

दशकों का अंधेरा मिट जाएगा

हम आने वाली पीढ़ी को

नई दिशा दिखाने वाले हैं

भई भोर उदय की उदित अरुणिमा

नभ भर प्रकाश अब छाया है

विश्वास की इक शीतल फुहार

मेघों से खीचकर लाए हैं

मरुस्थल के बंजर भू पर

नव अंकुर उगाने आए हैं

बस थोड़ा सा धैर्य धरो

वो दिन भी आने वाले हैं

हम दीप जलाने वाले हैं

अरुणिमा काव्य

अपने समाज का हक अधिकार
सम्मान लौटाने वाले हैं
बस कुछ पैग और बढ़ाने हैं
हम आने वाली पीढ़ी का
अस्तित्व बचाने आए हैं

मान बचाने वाले हैं ,
सम्मान लौटाने आए हैं
बस थोड़ा विश्वास करो
वह दिन भी आने वाले हैं
हम दीप जलाने वाले हैं
हम दीप जलाने वाले हैं

मौन

अरुणिमा काव्य

मूर्खों की हो सभा
तो मौन रखना चाहिए
कह गए हैं यह विद्वान
की विवेक रखना चाहिए
समय हो अगर प्रतिकूल
तो अनुकूल रहना चाहिए

जहां राज हो धृतराष्ट्र का
और युद्ध महाभारत सा हों
ऐसे में ही गांडीव का
धनुनाद होना चाहिए

हो कृष्ण सा रणनीतिकार
शकुनी हजारों ध्वस्त हैं
रहो सत्य पर डटकर खड़े
और मौन को धारण करो
तुम धर्म-पथ पर हो चले
तो जीतना निश्चित ही है

अरुणिमा काव्य

मानवता की हार

मानवता पर प्रहार है

इंसानियत शर्मसार है

क्यों टूटती नही यह सरहदें
अब मानवता पर वार है

कत्लेआम मजा हर ओर
यह कैसा सत्ता पर अधिकार है
लाशों के इन ढेरों पर
ममता की चीख पुकार है

टूट गई अब सारी हदें
यह मानवता की हार है
मानवता की हार है ...

अरुणिमा काव्य

हिमाचल की राजनीति

अरुणिमा काव्य

हिमाचल में बदलाव हुआ है

बदल के सत्ता आई है

बड़े-बड़े नेताओं ने

अपनी किस्मत आजमाई है

कोई जीता कोई हरा

जनता के दरबार में ,

जनता ने ही बार-बार

सब सरकारी हिलाई हैं

कोई सत्ता , कोई नेता

जनता के आगे दौड़े कब तक ,

जनता चाहे बना दे हीरा

ना चाहे तो कौड़ी है

अरुणिमा काव्य

मैं राजनीति हूँ

अरुणिमा काव्य

मैं भारत की राजनीति हूं
तुम्हें याद दिलाने आई हूं
युग बदले पर मैं ना बदली
बस बदल के सत्ता लाई हूं

राम युग हों, कृष्णा कल हों
या चंद्रगुप्त का शासन हों
चाणक्य के शब्द-शब्द में
मैं ही मैं समाई हूं

मैं भारत की राजनीति हूं
तुम्हें याद दिलाने आई हूं

भारत के उसे संविधान की
धुरी में बनकर बैठी हूं
इर्द-गिर्द घूम हैं नेता
सत्ता पर मैं छाई हूं

अरुणिमा काव्य

मुझको कोई खेल ना समझे
मैं राजनीति चतुराई हूं
जो मेरे घेरे में आया
उसको तारे दिखलाई हूं

नेता हो या जोगी कोई
हर किसी को नाच नाचाई हूं
गली-गली और नुक्कड़ नुक्कड़
मैं अपना खेल दिखाई हूं

मैं भारत की राजनीति हूं
तुम्हें याद दिलाने आई हूं

अरुणिमा काव्य

पंजाब कभी और कभी हिमाचल
कभी सिंध पर छाई हूं
पूरा भारत घूम-घूम मैं
खुद ही खुद पर पछताई हूं

भारत की सड़कों से गुजरी
शिक्षा का जो हाल है देखा
महंगाई की मार झेलते
मैंने हर इंसान को देखा

नेता घूमें बड़ी कार में
बेरोजगार फिरते बाजार
काम न मिलता , काम ना होता
घिस गए जूते चक्कर काट
घिस गए जूते चक्कर काट

जितनी रिश्वत उतनी साख
करो मंत्री पर विश्वास
जितनी , जिसकी पहुंच है भैया
उतना ही , उसकी जेब का भार

राजनीति आरक्षण बन गई
राजनीति ही भ्रष्टाचार
लोकतंत्र की सांसे रोके
खड़े हैं नेता बीच बाजार

बिन जाने बिन समझे परखा
नेता कई अनाड़ी है
मेरी चाल समझा जो पाया
वह सत्ता का अधिकारी है

अरुणिमा काव्य

बहुत सुन लिया , बहुत सह लिया
मुझ पर जो प्रहार हुआ
नेताओं तुम और ना परखो
होश में आकर करो विचार
होश में आकर करो विचार

सत्ता , सेवा और अधिकार
राजनीति के यह औज़ार
भारत मां की मुहूर्त गढ़ लो
करो सुरक्षा चारों हाथ

में भारत की जनता का
स्वाभिमान बचाने आई हूँ
मैं भारत की राजनीति हूँ
तुम्हें याद दिलाने आई हूँ

अरुणिमा काव्य

मतदान तुम्हारी ताकत है
इसको हथियार बना लो तुम
कल का भविष्य और वर्तमान
आगे आकर के बचा लो तुम
आगे आकर के बचा लो तुम

मैं भारत की राजनीति हूं
तुम्हें याद दिलाने आई हूं
युग बदले पर मैं ना बदली
बस बादल के सट्टा लाई हूं

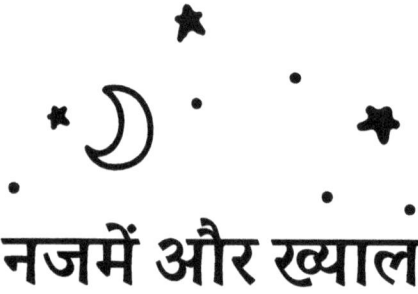

नजमें और ख्याल

अरुणिमा काव्य

नज़्में और ख्याल

1. मैं रुकुं, तुम चलो — 176
2. चुप रहूँ की कह दूँ — 178
3. मयखाना — 181
4. मोहब्बत — 184
5. तेरी यादों के पेमाने — 186
6. दूरियाँ — 188
7. तमन्नाएं — 190
8. शिकायतें — 192
9. कुछ ख्याल — 195

अरुणिमा काव्य

मैं रुकूँ, तुम चलो

मैं रुकुँ, तुम चलो
सरेआम ये हालात, मंजूर नही हमें

तुम चुप खड़े रहो सामने मेरे
मैं जब भी पास आऊँ तेरे

देखूं तुम्हें, तुम आईना हो जाओ
किसी ओर की नज़रे, मंजूर नही हमें

तुम हकीकत हो जाओ, मैं तुमको छू पाऊँ
सिर्फ ख्यालात, मंजूर नही हमें

मैं चलूँ, तुम चलो, साथ हों ताऊम्र का
किसी और की तामीर, मंजूर नही हमें

अरुणिमा काव्य

चुप रहूँ की कह दूँ

अरुणिमा काव्य

मैं चुप रहूं कि कह दूं

कुछ बातें, कुछ वादे,

कुछ शब्द, कुछ इरादे

में चुप रहूं कि कह दूं

हम इश्क के दीवाने

सुन ले अरे जमाने

तेरी रीत से विपरीत

सारेम हो रहे हैं

दुख बेचकर हम अपना

धनवान हो रहे हैं

अरुणिमा काव्य

चुप रहूं की बोल दूं
या भेद सारे खोल दूं
किस्से , यूं अब हमारे
खुलेम हो रहे हैं
बदनाम होके हम भी
नामवान हो रहे हैं

चुप रहूं की कह दूं
उस वक़्त की बातें
लबों पे थे झूठे वादे
और दगा के इरादे

में चुप रहूं की कह दूं
दगाबाज तेरी बातें
दगाबाज तेरी बातें

अरुणिमा काव्य

मयखाना

ना मय को मयसर मयखाना हुआ

ना आलम फिर ऐसा सुहाना हुआ

के मोहब्बत को मेरी , जो कर दें मुकम्मल

ना दिल कोई ऐसा दीवाना हुआ

मोहब्बत की मंजिल हो जाए कहीं हासिल

ना रास्ता , ना राही , ना रहबर मिला

अबतलक ना ऐसा , कोई हमदम मिला

ना मय को मयसर मयखाना हुआ

ना आलम फिर ऐसा सुहाना हुआ

अरुणिमा काव्य

ना लफ्जों की आहट , ना गम का सन्नाटा
गर रूह की आवाज मेरी , खुदा भी सुन पता

सिमट आती सारी कायनात मेरे दामन में
गर आज भी परवाना , जलती शमा से लिपटा पता

ना मय को मयसर मयखाना हुआ
ना आलम फिर ऐसा सुहाना हुआ

अरुणिमा काव्य

मोहब्बत

अरुणिमा काव्य

मोहब्बत

यह वह रास्ता है ,

जो मंजिल पर न पहुंचा

यह वह साज़ है ,

जो आवाज़ बिन तरसा

यह वह ख्वाब है ,

जो कभी हकीकत न बन सका

यह वो फूल है ,

जो कभी न खिला

यह वो दर्द है , जो तुमसे मुझे मिला

यह इल्जाम भी हम तुम्हें ना देंगे

मान लिया है इसे हमने ,

किस्मत का लिखा

अरुणिमा काव्य

तेरी यादों के पेमाने

समन्दर को गुमा कहाँ , अपनी गहराई का ?

उनको एहसास कहाँ , हमारी तन्हाई का ?

मैं कैसे डूब जाऊँ मयखानों में

रोक रखा है मुझे , तेरी यादों के पैमानों ने !

सोचते है , भूल जाएं तुझे ! पर कैसै ?

जाती नहीं यादें तेरी , मेरे ख्यालों से

जहाँ में बफा का , अब नाम नही

दिल में कोई अरमान नही

आँसुओ के जाम में न गुज़रे

अब ऐसी तो कोई शाम नही

दूरियाँ

दूरियां

काश कि तुम यूं दूर न जाते
पास होकर भी फासले
दरमियां ना आते

बाहर का शोर सुनते-सुनते
मन के सन्नाटे
यूं ना गेहराते

काश कि तुम यूं दूर न जाते

तमन्नाएं

तमन्नाएँ दिल की

दबी-दबी सी है

दिल की हर धड़कन

रुकी-रुकी सी है

ठहर गई है जिंदगी

न जाने किस मोड़ पर ,

मरती है हर पल

सुलगती है पल-पल

जिंदगी मेरी

उलझी-उलझी सी है

न राहता न सुकून है

हर बात पर कोई भूल है

आत्मा क्यों मेरी

दुखी-दुखी सी है

अरुणिमा काव्य

शिकायतें

अरुणिमा काव्य

पल-पल घटता जीवन है,

पल-पल मारती ख्वाहिशें

पल-पल बढ़ता अविश्वास,

पल-पल टूटती उम्मीदें

गर ऐसा ही करना था

तो आए क्यों मेरे जीवन में

खुशी तो कोई दी ही नही ,

आँसू भर गए दामन में

रुलाने को तो दुनिया सारी थी ,

तुमने क्यों यह अपराध किया

साथ दिया ना अपना हमको ,

बस आंखों में समंदर आँसू का दिया

खामोश सा अब तो चांद भी है ,
भीगी-भीगी सी रातें हैं
अब और तो कुछ बाकी नहीं ,
बस तुम्हारी चंद यादें हैं

दुआ तो कोई दे नही सकती ,
बददुआ देना मेरी फितरत नहीं
सात जन्मों की बातें करते थे ,
एक जन्म तो साथ दिया नहीं

ये कैसा हमसे प्यार किया ,
कैसा हमसे इंसाफ किया
ना हाथ दिया अपना हमको ,
ना और किसी का होने दिया

कुछ ख्याल

अरुणिमा काव्य

देखो गालिब ! दौर आज का
इस दौर की सुनो कहानी
ना आशिक रहे रूहानी ,
ना इश्क में रही रवानी ;
ना आंखों में परदा हया का ,
ना अश्कों में इश्क का पानी !

₀•:*:•˚ ₀•:*:•˚

खुशी के इक पल के लिए ,
तरसे हैं बरसों से हम
दामन को छोड़कर , कभी गया ही नही गम

दिल के वीराने में , तन्हाई की गलियों में
मिले न खुशी के पल
दामन को छोड़कर , कभी गया ही नही गम

बीते हुए लम्हों और ख्यालों की तरह

जहन में आते हैं कुछ लोग सवालों की तरह

पत्थर क्यों उठाते हो मुझे देखकर , ऐ लोगों !

मैंने पूजा है मोहब्बत को

शिवालो की तरह

°•:*:•° °•:*:•°

दुनिया दीवानों को ,

क्यों इल्ज़ाम दिया करती है ?

मोहब्बत वो मंजिल है ,

जो **जीने का अरमान** बना करती है

°•:*:•° °•:*:•°

मोहब्बत के दिन अफसाने रह गए

मेरे हमदम ! मेरे मेहबूब !

तेरी यादों के बस **वीराने रह गए**

समंदर को गुमा कहां अपनी गहराई का

उनको एहसास कहाँ, हमारी तन्हाई का

लाखों हों शिकायतें उन्हें चाहें हमसे

हमें कोई गिला नही उनकी रुसवाई का

｡･:*:･ﾟ｡･:*:･ﾟ

दिल के जख्मों ने सुकून पाने न दिया

जब भी चाही कोई ख़ुशी तुमसे

मेरे आँचल में गम नया डाल दिया

｡･:*:･ﾟ｡･:*:･ﾟ

रोते हुए दिल की मैं किसको सुनाऊं सिस्की

अश्क और इश्क यहां सुनते हैं किसकी

इश्क तो आसान होता है निभाना

सिर्फ धोखा मुश्किल होता है सेह पना

जख्म दोस्त का दिया हो या महबूब का

नामुमकिन है कि भर पाए ये जमाना

｡･:*:･ﾟ｡･:*:･ﾟ

ये तारों की महफ़िल , ये चाँद का फ़साना ,

क्या कहता है सदियों से , क्यों सुनता नही जमाना

दिल देकर दर्द लेना , आसान नही होता सह पाना

｡･:*:･ﾟ｡･:*:･ﾟ

दिले दर्द को जब जगह न मिली जहां में

कम्बखत शायरी से जाके लिपट गया

अरुणिमा काव्य

फासले इस कदर हो जाएंगे कभी सोच न था
सामने बैठा था वो मेरे , मगर अब वो मेरा न था

₀•:*:•˚ ₀•:*:•˚

अपने दिल की तबाही का दूँ मैं किसी इल्जाम
धोखा दिया मुझे मेरे ही दिल नादान ने

₀•:*:•˚ ₀•:*:•˚

बीते हुए लम्हे यूं याद आ रहे हैं
मुंह फेर गए हैं आप , मगर याद आ रहे हैं

दूर निगाहों से बार-बार जाया ना करो

दिल को इस कदर तड़पाया न करो

तुम बिन एक पल भी जी नहीं सकते हम

ये एहसास बार-बार दिलाया ना करो

◦•:*:•° ◦•:*:•°

मेरे बस में होता तो छुप जाते तेरे सीने में

जालिम दुनिया को नजर तो ना आते

◦•:*:•° ◦•:*:•°

शाम होते ही बुझा दिए हमने सब चिराग

एक दिल ही बहुत है तेरी याद में जलने के लिए

अरुणिमा काव्य

अपनों ने तो तबाह कर ही डाला
किसी गैर ने भी हमको ना संभाल
क्यों मुश्किलों के मंजर पर छोड़कर , ए खुदा
तुमने भी दामन छुड़ा डाला

₀•:*:•˚ ₀•:*:•˚

हम तमाम उम्र रहेंगे यह जिंदगी के साथ
हर गम को गवारा करेंगे खुशी के साथ

₀•:*:•˚ ₀•:*:•˚

बड़ी बेचैन है जान , आज सीने में
सोचती है उड़ जाऊं पिंजरा तोड़ के

अरुणिमा काव्य

दिल की हर धड़कन थी जिसकी
उसी ने हमारी मिटा दी हस्ती
अब किससे करें शिकायत हम अपनी
जिस पर था भरोसा खुदा से ज्यादा
उसी ने डुबो दी हमारी कश्ती

₀•ː*ː•˚ ₀•ː*ː•˚

तुम्हारे बिना जिंदगी उजड़ी बाहर है
मैं जानती हूं तुम नही लौटोगे
फिर भी न जाने क्यों **तुम्हारा ही इंतजार है**

₀•ː*ː•˚ ₀•ː*ː•˚

दोस्त बनकर जो बेवफाई किया करते हैं
ऐसे बेखबर दोस्त से तो अच्छा वह दुश्मन है
जो हम पर नजर तो रखा करते हैं

अरुणिमा काव्य

वो गुज़रे उस रेहगुज़र से कुछ इस कदर
की धड़कने सीने की रुक गयी
लब कुछ कह न सके और निगाहें सब कुछ कह गयी

₀•:*:•˚ ₀•:*:•˚

ये तारों का टीम-टिमाना , ये चाँद का मुस्कुराना
आपकी यादों का आईना है , हमारे इश्क़ का आशियाना

₀•:*:•˚ ₀•:*:•˚

www.ingramcontent.com/pod-product-compliance
Lightning Source LLC
LaVergne TN
LVHW061544070526
838199LV00077B/6899
* 9 7 8 9 3 6 2 6 1 1 2 3 9 *